I0019320

Bey Gahar Oussama

Mise en place d'une station d'administration reseaux avec Nagios

Bey Gahar Oussama

Mise en place d'une station d'administration reseaux avec Nagios

Serveur de monitoring

Éditions universitaires européennes

Impressum / Mentions légales
Bibliografische Information der Deutschen Nationalbibliothek: Die Deutsche Nationalbibliothek verzeichnet diese Publikation in der Deutschen Nationalbibliografie; detaillierte bibliografische Daten sind im Internet über http://dnb.d-nb.de abrufbar.

Information bibliographique publiée par la Deutsche Nationalbibliothek: La Deutsche Nationalbibliothek inscrit cette publication à la Deutsche Nationalbibliografie; des données bibliographiques détaillées sont disponibles sur internet à l'adresse http://dnb.d-nb.de.

Coverbild / Photo de couverture: www.ingimage.com

Verlag / Editeur:
Éditions universitaires européennes
ist ein Imprint der / est une marque déposée de
OmniScriptum GmbH & Co. KG
Heinrich-Böcking-Str. 6-8, 66121 Saarbrücken, Deutschland / Allemagne
Email: info@editions-ue.com

Herstellung: siehe letzte Seite /
Impression: voir la dernière page
ISBN: 978-613-1-59693-3

DEDICACES

Je dédie ce travail à ma très chère mère Fatiha

Affable, honorable, aimable : Tu représentes pour moi le

symbole de la bonté par excellence, la source de tendresse et

l'exemple du dévouement qui n'a pas cessé de m'encourager et

de prier pour moi.

Ta prière et ta bénédiction m'ont été d'un grand secours

pour mener à bien mes études.

Aucune dédicace ne saurait être assez éloquente pour

exprimer ce que tu mérites pour tous les sacrifices que tu n'as

cessé de me donner depuis ma naissance, durant mon enfance

et même à l'âge adulte.

Tu as fait plus qu'une mère puisse faire pour que ses

enfants suivent le bon chemin dans leur vie et leurs études.

Je te dédie ce travail en témoignage de mon profond

amour. Puisse Dieu, le tout puissant, te préserver et

t'accorder santé, longue vie et bonheur. A mon Père Mohammed

Aucune dédicace ne saurait exprimer l'amour,

l'estime, le dévouement et le respect que j'ai toujours eu

pour vous.

Rien au monde ne vaut les efforts fournis jour et

nuit pour mon éducation et mon bien être.

Ce travail est le fruit de tes sacrifices que tu as

consentis pour mon éducation et ma formation

Oussama Bey Gahar

Remerciements

C'est avec un grand plaisir que nous réservons cette page en signe de gratitude et de profonde reconnaissance à tous ceux qui nous ont aidés à la réalisation de ce travail.

Nous adressons nos sincères remerciements à notre encadreur Isima à Mr. Anis Naanaa pour sa disponibilité, le savoir qu''il nous a transmis et ses conseils judicieux tout au long de notre projet.

Nous remercions également notre encadreur Mr. Jandoubi Mohammed pour son encadrement de qualité, pour son aide précieuse et pour toute information qui nous a permis de réaliser notre travail.

Nous exprimons enfin nos remerciements les plus dévoués aux membres de jury qui ont pris la peine d'évaluer notre modeste travail.

Oussama Bey Gahar

Sommaire

Table des figures

Avant-propos

A
yant atteint la troisième année de la licence en réseau Informatique spécialité Technologies de Réseaux Informatique , un projet de fin d'étude nous a été demandé. Mon choix s'est porté sur le réseaux et la réalisation d'une application réseau. Après de nombreuses recherches et demandes de stages, J'ai réussi à obtenir l'accord des responsables du Chemin de Fer Tunisien. Je suis engagé sous la direction de notre tuteur de stage Monsieur Jandoubi Mohamed à réaliser et mettre en place une plateforme de supervision des équipements réseaux et le développement d'une interface de gestion des Configurations et d'historique réseau

La réalisation de notre projet, bous a permis d'approfondir mes connaissances en matière de conduite et de mise en place de projets dans un niveau professionnel. En effet, j'ai assuré à ce que Mon système soit ouvert, extensible, évolutif et ergonomique tout en maintenant son efficacité.

Introduction Générale

Actuellement toutes les entreprises sont équipées d'un réseau local, et de réseaux de longues distances pour les plus importantes d'entre elles. Leurs parcs informatiques englobent une dizaine voir une centaine d'équipements, contenant des postes de travail, des serveurs de bases de données et des serveurs de traitement.

Ainsi, la supervision des réseaux s'avère nécessaire et indispensable. Elle permet entre autre d'avoir une vue globale du fonctionnement et des problèmes pouvant survenir sur un de ces équipements mais aussi d'avoir des indicateurs sur la performance de l'architecture du réseau.

Pour se faire, l'administrateur réseau peut utiliser des logiciels de surveillance et de supervision réseau tels que les outils Open Source comme, Nagios, Centreon, etc, des outils propriétaires tels que HPOV, InterMapper, etc. La plupart de ces logiciels offrent une vue globale sur les réseaux, cependant que la contrainte majeure de ces logiciels, qu'ils n'offre pas une interface de configuration des équipements et des liaisons donc l'ajout, la modification et la suppression se font d'une manière délicate vue qu'il faut manipuler des fichiers spécifiques ainsi qu'une administration ardue.

Dans ce cadre, ce projet a été proposé par la SNCFT, son objectif est de mettre en place une solution pour administrer le réseau local de la SNCFT. Pour ce faire, le présent rapport est organisé de la manière suivante :

Dans le premier chapitre, nous allons présenter, en premier lieu, la société accueillante, son organigramme et ses principales missions. En deuxième lieu, nous allons mettre le projet dans son cadre et nous terminons par la présentation des méthodologies adoptées.

Dans le deuxième chapitre nous allons d'abord présenter quelques principes fondamentaux de la supervision ainsi que l'utilité de la surveillance des systèmes informatiques. Nous citerons ensuite deux solutions existantes sur le marché en essayant de les présenter sous forme d'un comparatif ce qui nous permettra de sélectionner la solution la plus adaptée à notre besoin.

Dans le troisième chapitre, nous décrivons, en premier temps, l'étude de l'existant qui consiste à dévoiler la méthode actuelle utilisée en relevant ses insuffisances et en proposant une solution. En deuxième temps, nous présenterons l'outil de supervision choisi.

Finalement, dans la dernière partie de ce rapport, nous présenterons l'environnement matériel et logiciel utilisé.

Le rapport se terminera par une conclusion générale donnant une synthèse de notre travail et les perspectives futures du développement de l'application.

I. Chapitre 1: Contexte Général de la Supervision

Introduction

Dans ce chapitre, nous allons présenter l'organisme d'accueil, ainsi que la nature de ses activités. Ensuite, nous allons introduire, le projet, la supervision, l'outil de supervision.

1. Présentation de l'organisme d'accueil

La Société Nationale des Chemins de Fer Tunisiens est une entreprise publique à caractère non administratif. Elle est dotée de la personnalité civile et de l'autonomie financière. Elle est réputée commerçante dans ses relations avec les tiers est placée sous la tutelle du ministère du Transport. Sa mission consiste à exploiter les réseaux ferrés et à gérer les différents biens mis à sa disposition par l'état sous la forme de concession dans le but d'assurer le transport des voyageurs et des marchandises.

Elle a pour activité le transport des voyageurs et de marchandises sur l'étendue des territoires tunisiens à travers un réseau ferroviaire, l'ensemble des activités est effectué par 105 unités de transport qui sont : Le transport des voyageurs grandes lignes, le transport des voyageurs banlieue de Tunis, Le transport des voyageurs banlieue de Sahel, le transport de phosphate et le transport fret. La SNCFT assure également une deuxième activité très importante représentée par l'entretien de son infrastructure (voie et bâtiment) ainsi quêtes équipements et son matériel.

2. L'organisme de SNCFT

L'organigramme suivant montre l'architecture de la société nationale des chemins de fer Tunisien. Ce projet de fin d'étude a été réalisé au sein du département informatique.

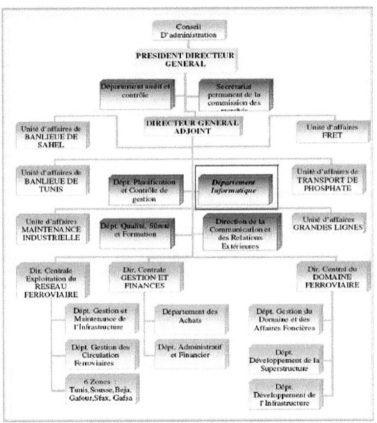

Figure 1:Organigramme de la SNCFT

3. Présentation du département informatique

Ce stage s'est déroulé au sein du département informatique qui est chargé de la conception et du suivi du système d'information de la SNCFT et d'établir le plan informatique en fonction des besoins des différentes unités.

Sa mission couvre notamment :

➢ La mise à la disposition des gestionnaires :

- Des systèmes de gestion
- Des outils (matériels, logiciels et progiciels...) permettant une utilisation aisée des informations disponibles.
- Des moyens en conseil et en assistance qui permettent de concevoir des systèmes individuels d'aide à la décision.

➢ Assurer la maintenance et la mise au point du matériel et des logiciels en rapport avec les équipements.

➢ Participer à l'installation technique, à la configuration, à la maintenance et à la gestion centralisée des postes de travail sur ordinateurs personnels.

➢ La gestion de l'infrastructure matérielle, logicielle et téléinformatique. La détection et la correction des anomalies liées au fonctionnement de l'infrastructure informatique et téléinformatique.

➢ Surveiller et analyser les incidents survenant sur les serveurs, le réseau et les services de réseau (Web) et participer à leur résolution ; mettre en œuvre des logiciels utilitaires pour améliorer la surveillance du système.

4. Présentation du sujet

Dans le but de mieux gérer la grande envergure des sites informatiques déployés par l'entreprise, notre sujet intitulé « Mise en place d'une station d'administration réseau avec Nagios » est une nouvelle orientation de l'entreprise afin d'améliorer la gestion de ses infrastructures informatiques. En effet, il s'agit d'utiliser des moyens techniques de supervision et d'administration de réseau du SNCFT et aussi de développer une interface web de gestion réseaux. Par conséquent, ce projet permettra d'offrir une solution plus sécurisée et permettant ainsi la supervision centralisée des équipements sur le réseau. Cette supervision sera assurée, en temps réel.

5. La supervision

Pour que son infrastructure informatique lui donne entière satisfaction, toute entreprise doit pouvoir compter sur un réseau haut performance. Pour maintenir la fluidité des procédures, tous les processus doivent fonctionner de manière fluide, y compris les communications internes et externes entre sites de l'entreprise, ainsi qu'avec les clients et partenaires. Les dysfonctionnements et pannes des processus opérationnels provoquent facilement des pertes de temps et surtout d'argent. Aussi, afin de gérer la disponibilité du réseau informatique, sa performance et la consommation de bande passante, il est vivement recommandé de s'équiper d'un logiciel de surveillance réseau qui veille constamment au bon fonctionnement des processus sur le réseau, effectue des analyses et alerte l'équipe informatique dès qu'une erreur se produit ou que les seuils critiques sont dépassés.
Une telle solution de surveillance réseau permet à l'administrateur d'intervenir rapidement, y compris à distance, s'il n'est pas sur place.

5.1. Définition de supervision

La supervision présente, de manière générale, toute fonction consistant à indiquer et à commander l'état d'un appel, d'un système ou d'un réseau. Les solutions de supervision permettent de remonter des informations techniques et fonctionnelles du système d'information.

La supervision système et réseau a pour but de surveiller le bon fonctionnement des composants réseaux (commutateurs, routeurs, firewalls, …) et leurs caractéristiques (charge du réseau, …) ; ainsi que les éléments des systèmes (serveurs, machines UNIX, …) et les services qu'ils offrent (protocoles, …).

5.2.Solution de supervision

Ceux qui envisagent d'investir sérieusement dans une solution fiable de surveillance réseau peuvent commencer par des solutions d'entrée de gamme bon marché. Leurs fonctionnalités sont certes limitées, mais elles posent les bases élémentaires : surveillance SNMP de la bande passante ou contrôle de disponibilité via Ping. De ce fait, ce type de logiciels convient aux plus petits réseaux ou pour se familiariser avec la surveillance réseau avant d'investir sérieusement. Il faudra ensuite migrer vers une solution de surveillance plus complète et performante.

5.3.Sécurité de supervision

Une solution de surveillance contribue à renforcer considérablement la sécurité d'un réseau. Si la solution signale une hausse brutale de la consommation de capacité de traitement ou si le trafic diffère soudainement de la norme, le personnel informatique peut en déduire la présence d'un programme malveillant ou l'existence d'une attaque de phishing. Il est aisé d'intégrer des logiciels de surveillance réseau aux pratiques de sécurité préexistantes (antivirus, pare-feu, etc.) pour renforcer la sécurité de l'entreprise.

6. Etude de Outils de supervision

6.1. Etude de choix

De nombreuses plateformes de supervision existent aujourd'hui. Certaines se contentent de gérer à temps réels l'état du réseau et préserve une vue globale sur le fonctionnement de son architecture, d'autres permettent également de connaître l'état des différents services, et d'autres qui offrent la possibilité de ressortir de nombreuses statistiques du réseau permettant une analyse assez fine.

Il existe des solutions de supervision libres et professionnelles. Parmi les plus répandues, reconnues du moment nous pouvons citer Nagios, Zabbix, BigBrother2 et OpenNMS. L'avantage de ces logiciels libres est la gratuité, la disponibilité du code source et la liberté d'étudier et de modifier le code selon nos besoins et de le diffuser. De plus, il existe une communauté importante d'utilisateurs et de développeurs qui participent à l'amélioration des logiciels et apportent une assistance par la mise en ligne des documentations et les participations aux forums.

6.2. Choix de outils

Dans la partie suivante, nous présenterons l'étude de quelques outils de supervision. A travers cette étude nous aboutirons à une synthèse qui facilitera les choix des outils pour la solution finale qui hérite de leurs points forts et dépasse les points faibles.

6.2.1. *Fan :*

FAN :(FullyAutomatedNagios) est une distribution Linux basée sur CentOs. Elle intègre plusieurs outils qui permettent de superviser son système d'information tels que nagios, centreon, nagvis. Elle se présente sous forme de format ISO qui est bootable afin de pouvoir l'installer sur n'importe quel serveur ou machine.

Le majeur avantage de cette distribution est le fait qu'elle permet de mettre en place un serveur de supervision très rapidement sans avoir besoin de la configuration détaillée. Elle dispose des points forts tels que la simplicité, la rapidité d'installation et l'intégration. Les outils sont préconfigurés. C'est une distribution complète où de nombreux outils sont disponibles.

6.2.2. *Nagios* :

Nagios est un logiciel libre de surveillance du réseau et système. Il permet de surveiller les hôtes et les services en envoyant des alertes à l'administrateur système et réseau en cas de dysfonctionnement. Il a été développé principalement pour fonctionner sous des systèmes Unix.

Nagios a plusieurs fonctionnalités parmi lesquels nous citons :

- La surveillance des services réseaux tels que: SMTP, HTTP, FTP, SSH, etc.
- La surveillance des ressources machines telles que: Charge de processeur, Utilisation de l'espace disque, Utilisation de la mémoire...
- La rotation automatique des fichiers journaux.
- Une interface Web optionnelle permettant de visualiser l'état actuelle du réseau, les notifications et les fichiers journaux.
- La conception des simples greffons (plugins) permettant aux utilisateurs de développer leurs propres vérificateurs de services.
- La notification par mail ou sms lorsqu'un problème survient sur un service ou une machine.
- Un support pour l'implémentation d'un système de surveillance redondant.

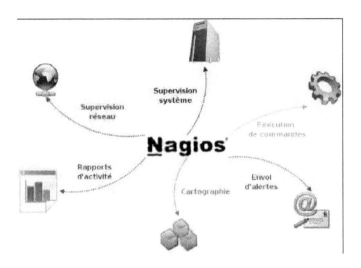

Figure 2:L'architecture de Nagios

6.2.2.1. Fonctionnalité de Nagios

Le principe de supervision de Nagios repose sur l'utilisation de plugins, l'un installé sur la machine qui supporte Nagios, et l'autre sur la machine que l'on souhaite superviser. Un plugin est un programme modifiable, qui peut être écrit dans plusieurs langages possibles, selon les besoins, et qui servent à récupérer les informations souhaitées. Nagios, par l'intermédiaire de son plugin, contact l'hôte souhaité et l'informe des informations qu'il souhaite recevoir. Tout d'abord, le plugin est installé sur la machine concernée. Ensuite, il reçoit la requête envoyé par nagios. Il va chercher dans le système de sa machine les informations demandées.

Il renvoie sa réponse au plugin nagios, ensuite le transmet au moteur nagios afin d'analyser le résultat obtenu, et ainsi de mettre à jour l'interface web.

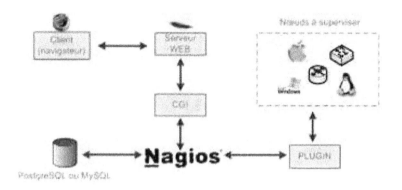

Figure 3:Fonctionnalité de Nagios

6.2.2.2. Configuration Nagios

En effet, l'administrateur de la plateforme utilise uniquement nagios, nous avons détaillé la configuration des fichiers de nagios .La demande d'informations se fait grâce à l'exécution d'une commande de la part de nagios. Une commande doit obligatoirement comporter des arguments afin de pouvoir chercher les bonnes informations sur les bonnes machines, et voici les fichiers qu'on doit les configurer :

➢ Les répertoires importants :

./etc/nagios3

➢ Les fichiers importants

 # ls /etc/nagios3/

- **cgi.cfg**: fichier de configuration des CGI.
- **localhost.cfg**: définition de l'host « localhost » (autrement dit de Nagios).
- **resource.cfg**: possibilité de définir des informations sensibles (identifiant, mot de passe…)
- **command-plugins.cfg**: définition des commandes « check ».
- **nagios.cfg**: fichier de configuration global de Nagios.
- **commands.cfg**: définition des commandes (commandes de « check » et de notifications).
- **Switch.cfg** : définition des hôtes et des services

Une fois que nagios a reçu les bonnes informations sur l'état des machines, il peut construire des notifications sur l'état du réseau afin d'informer les utilisateurs, chaque test renvoie un résultat particulier :

- **OK**(tout va bien)
- **Warning**(le seuil d'alerte est dépassé)
- **Critical**(le service a un problème)
- **Unknown**(impossible de connaitre l'état du service)

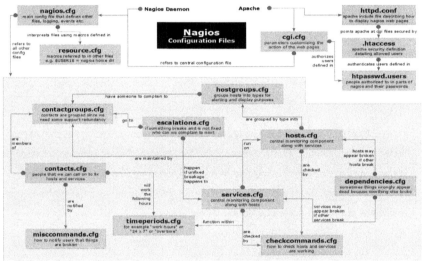

Figure 4: L'architecture des Fichiers de Configuration

Notre objectif est d'avoir un outil :

➢ Qui a une bonne interface

➢ Qui est plus simple et plus précis dans la remontée des erreurs.

➢ Qui a un plan du réseau et une indication en temps réel sur l'état du réseau.

➢ Qui surveille les machines avec n'importe quel system d'exploitation

➢ Qui surveille aussi l'état des ressources matérielles et logicielles de chaque machine (Mémoire, CPU, Disques…)

Le tableau suivant intègre une comparaison entre les trois outils possibles pour la mise en place du module de supervision (Cacti, Zenoss et OSSIM)

Outils	Avantages	Inconvénients
Cacti	▪ Facilité d'installation et de configuration ▪ Affichage rapide des graphs sur plusieurs périodes ▪ Peut-être amélioré grâce à des plugins	▪ Peut mettre un certain temps à générer les graphs
Zenos	▪ Facilité d'installation et de configuration ▪ Création automatique des graphs ▪ Dispose d'une importante MIB de base ▪ Vue rapide des alertes	▪ Plus gourmand en ressource machine
Ossim	▪ Effectuer une analyse de corrélation afin de créer des alarmes de sécurité. ▪ OSSIM a intégré plusieurs modules	▪ Configuration difficile de part le grand nombre de paramètres pouvant rentrer en jeu.

	tels que Snort, Nmap, Nagios…	
Nagios	<ul><li>Gratuit et Open Source</li><li>Possibilité de monitoring pour tous les matériaux, avec l'adresse IP.</li><li>Plugins, Addons, Scripts, communauté libre</li><li>Pas de gestion des licences.</li></ul>	<ul><li>Interface complexe</li></ul>

Tableau 1: La comparaison entre les outils de supervision

Pour atteindre notre objectif, notre choix doit être basé principalement sur la simplicité de la configuration, la possibilité de surveiller des services réseaux, des ressources systèmes et la possibilité de pouvoir notifier l'administrateur par mail ou par sms. C'est Nagios que nous avons jugé qu'il répondra le plus à nos besoins.

D'autre part, nous avons besoin d'une interface professionnelle avec une possibilité d'accéder aux différents services sans avoir besoin d'une grande connaissance de l'outil, et Nagios nous garantit cela.

En ce qui concerne les agents de supervision, nous avons sélectionné l'agent SNMP pour la supervision des routeurs et des Switch.

6.3. Protocole de supervision

SNMP : (Simple Network Management Protocol) est un ensemble de protocoles pour gérer des réseaux complexes. Il est l'un des protocoles les plus largement acceptées pour gérer et surveiller les éléments de réseau est un protocole de couche applicative mais se situe directement au dessus d'UDP et fonctionne sur un modèle client serveur qui a pour but de superviser les réseaux.

Le système de gestion de réseau est basé sur deux éléments principaux : un superviseur et des agents.

- ✓ Le superviseur est la console qui permet à l'administrateur réseau d'exécuter des requêtes de management.
- ✓ Les agents sont des entités qui se trouvent au niveau de chaque interface connectant l'équipement managé au réseau et permettant de récupérer des informations sur les différents objets.

Le protocole SNMP fonctionne sous forme de questions-réponses entre un serveur (dans notre cas Nagios) et des équipements réseau (hôtes) (Serveurs, Switch, Hubs, Ordinateur, routeurs…) ayant ce protocole installé.

- ✓ Le protocole SNMP défini le dialogue entre une station de contrôle et un nœud du réseau
- ✓ Permet de connaître l'état d'un appareil
- ✓ Permet la mesure du trafic et des erreurs à distance
- ✓ Facilite la configuration d'appareils à distance

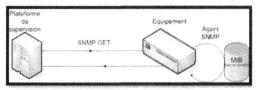

Figure 5:Supervision SNMP

6.4. Outils de travail

Apache :

Le logiciel libre Apache HTTP Server (Apache) est un serveur HTTP créé et maintenu au sein de la fondation Apache. C'est le serveur HTTP le plus populaire du World Wide Web. Il est distribué selon les termes de la licence Apache.

- **Fonctionnalités**

  Apache est conçu pour prendre en charge de nombreux modules lui donnant des fonctionnalités supplémentaires : interprétation du langage Perl, PHP, Python et Ruby, serveur proxy, Common Gateway Interface, Server SideIncludes, réécriture d'URL, négociation de contenu, protocoles de communication additionnels, etc. Néanmoins, il est à noter que l'existence de nombreux modules Apache complexifie la configuration du serveur web. En effet, les bonnes pratiques recommandent de ne charger que les modules utiles : de nombreuses failles de sécurité affectant uniquement les modules d'Apache sont régulièrement découverts. Les possibilités de configuration d'Apache sont une fonctionnalité phare. Le principe repose sur une hiérarchie de fichiers de configuration, qui peuvent être gérés indépendamment. Cette caractéristique est notamment utile aux hébergeurs qui peuvent ainsi servir les sites de plusieurs clients à l'aide d'un seul serveur HTTP. Pour les clients, cette fonctionnalité est rendue visible par le fichier .htaccess.
  Parmi les outils aidant la maintenance d'Apache, les fichiers de log peuvent s'analyser à l'aide de nombreux scripts et logiciels libres tels que AWStats, Webalizer ou W3Perl. Plusieurs interfaces graphiques facilitent la configuration du serveur

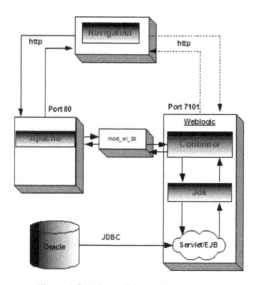

Figure 6:fonctionnalités apache

PHP :

est un **langage interprété** (un langage de script) exécuté du côté **serveur** (comme les scripts **CGI**, **ASP**, ...) et non du côté client (un script écrit en **JavaScript** ou une **applet Java** s'exécute sur votre ordinateur...). La syntaxe du langage provient de celles du **langage C**, du **Perl** et de **Java**. Ses principaux atouts sont :

- Une grande communauté de développeurs partageant des centaines de milliers d'exemples de script PHP ;
- La gratuité et la disponibilité du code source (PHP est distribué sous licence GNU GPL) ;
- La simplicité d'écriture de scripts ;
- La possibilité d'inclure le script PHP au sein d'une page HTML (contrairement aux scripts CGi, pour lesquels il faut écrire des lignes de code pour afficher chaque ligne en langage HTML) ;
- La simplicité d'interfaçage avec des bases de données (de nombreux SGBD sont supportés, mais le plus utilisé avec ce langage est *MySQL*, un SGBD gratuit disponible sur de nombreuses plateformes : Unix, Linux, Windows, MacOs X, Solaris, etc...) ;
- L'intégration au sein de nombreux serveurs web (Apache, Microsoft IIS, etc.)

Figure 7:PHP info

SQL :

SQL (Structured Query Language) est un langage de programmation informatique destiné à stocker, à manipuler et à retrouver des données enregistrées dans des bases de données relationnelles. Le langage SQL est apparu pour la première fois en 1974, lorsqu'un groupe d'IBM a mis sur pied le premier prototype d'une base de données relationnelle. La première base de données relationnelle a été commercialisée par Relationnel Software (plus tard Oracle).

SGBDR (Système de gestion de base de données relationnelle) se trouve sous différents aspects. Pour deux raisons : 1) le standard SQL est assez complexe, et il n'est pas pratique d'implémenter le standard entier, et 2) chaque fournisseur de bases de données a le besoin de différencier ses produits parmi tant d'autres. Dans le présent didacticiel, ce type de différences sera pris en main au moment opportun.

Le site de ce didacticiel SQL dresse la liste des commandes SQL couramment utilisées, et se présente sous les sections suivantes :

- **Commandes SQL**: Instructions SQL de base pour stocker, retrouver et manipuler des données dans une base de données relationnelle.
- **Manipulation de table**: Manière dont les instructions SQL sont utilisées pour gérer des tables au sein de la base de données.
- **SQL Avancé**: Commandes de SQL avancé.
- **Syntaxe SQL**: Une seule page listant la syntaxe de toutes les commandes SQL décrites dans le présent didacticiel.

Script Shell :

Un Shell, quel qu'il soit, peut exécuter des commandes prises dans un fichier. Un fichier contenant des commandes pour le Shell est appelé un *script*. C'est en fait un *programme* écrit *dans le langage du Shell*. Ce langage comprend non seulement les commandes que nous avons déjà vues, mais aussi des structures de contrôle (constructions conditionnelles et boucles).

Pour la programmation du Shell, nous allons utiliser le Shell sh, qui est le plus répandu et standard. Ce que nous avons vu jusqu'ici s'applique aussi bien à sh qu'à zsh et aussi à csh, à quelques exceptions près, que nous vous signalerons en temps voulu.

Le #! Est appelé le **sha-bang**.

Bash : *Bourne Again Shell*. Une amélioration du *Bourne Shell*, disponible par défaut sous Linux

!/bin/bash

Après le sha-bang, nous pouvons commencer à coder.
Le principe est très simple : il vous suffit d'écrire les commandes que vous souhaitez exécuter.
Ce sont les mêmes que celles que vous tapiez dans l'invite de commandes !Example :

```
#!/bin/bash

file=/etc/nagios3/switches/switch.cfg

host=`grep -w "host_name" $file| tr "[:blank:]" " "|sed -e "s/^ *//g"|tr -s ' ' |cut -d" " -f2|uniq`

printf "%b\n" "$host"
```

Apt-get

Dpkg (pour Debian package) est un outil logiciel en ligne de commande chargé de l'installation, la création, la suppression et la gestion des paquets Debian (*.deb*), le type de paquets traités parf Ubuntu. Il permet aussi la gestion de paquets Debian en provenance de sources extérieures aux dépôts APT.

Apt : Advanced Packaging Tool (APT) (« outil avancé de paquetage »), frontal de dpkg permettant les méthodes d'accès à l'archive « http », « ftp » et « file » (les commandes apt-get et apt-cache sont comprises)
Le fichier de dépôt Debian
/etc/apt/sources.list

Ndoutils : est un adon pour Nagios. Il permet de stocker dans une base de données MySQL ou dans un fichier plat :

- ✓ La configuration des serveurs supervisés
- ✓ Les évènements
- ✓ Les états des éléments supervisés
- ✓ L'adon

> ❖ *L'adon est composé de quatre éléments:*

> ➢ *ndomod :* module chargé par Nagios pour transférer les éléments sus-cités vers un fichier plat, un socket UNIX ou un socket TCP.

> ➢ *file2sock :* outil chargé d'écrire dans un socket UNIX ou TCP les données récupérées depuis un fichier plat.

> ➢ *log2ndo* : outil chargé d'écrire dans un socket TCP ou UNIX les données récupérées depuis les fichiers journaux de Nagios.

> ➢ *ndo2db* : démon qui ouvre un socket UNIX ou TCP et insère les éléments reçus dans une base de données.

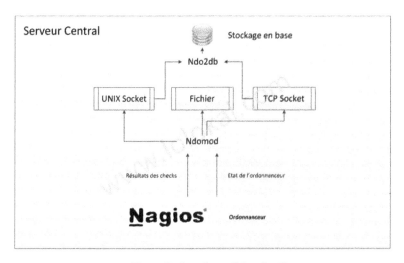

Figure 8 : fonctionnalités ndoutils

Conclusion

Dans ce chapitre, nous avons présenté l'organisme d'accueil qui est la SNCFT. Ensuite nous avons spécifié l'objectif de notre travail et nous avons présenté la supervision les outils et nous avons arrivées à choisir l'outil qui répond à nos besoins.

Dans le chapitre suivant on a fait l'étude théorique qui consiste à présenter certains outils de supervision et le choix.

II. Chapitre : Solution de supervision proposée

Introduction

Ce chapitre a pour objectif de présenter la solution que nous avons proposée à la SNCFT. Nous commençons par l'étude et la critique de l'existant. Ensuite, nous présentons l'outil de supervision choisi.et l'installation détalais de ces outils avec la configuration de chaque outils

1. Etude de l'existant

1.1. Critique de l'existant

Le réseau de la SNCFT est un réseau étendu sur plusieurs sites. N'ayant pas un outil de supervision, l'administrateur réseau perd beaucoup de temps pour localiser et corriger une panne sur le réseau. Par exemple, si une panne se produit au site de Sousse, le technicien n'a pas la possibilité de localiser la panne mais plutôt il doit contacter le siège central à Tunis qui va lui indiquer la source de la panne.

De plus, l'historique des pannes se fait de façon manuelle par le technicien, donc si ce dernier oubli de noter la panne, l'information sera perdu.

1.2. Solution proposée

Afin de pallier aux lacunes observées, la SNCFT a proposé le projet suivant. Notre solution doit permettre de remédier aux problèmes posés ci-dessus :

- ✓ Superviser le réseau global de la SNCFT en temps réelle.
- ✓ Localiser les pannes.
- ✓ Journaliser les pannes produites.
- ✓ Ajout d'un matériel réseau dès son installation.

2. Implémentations du system de supervision :

Nous présenterons la mise en place des outils et des agents de supervision, la notion des plugins et quelques captures d'écran des interfaces de Nagios

2.1. Mise en place des outils

Pour aboutir à une supervision fonctionnelle et complète, nous devons installer Nagios, la satisfaction de certaines dépendances est donc obligatoire. Les étapes d'installation et de configuration deNagios sont comme suivant

Figure 9:Commande d'installation nagios

2.2. Mise en place de agent

En effet, nous établirons la liaison entre les agents et les outils déclarés et plus précisément le agent « SNMP » agents. Comme suivant

Cote rouer ou switcher

Router>**enable**

    Password:

    Router#

Router#**configure terminal**

Router(config)#

Router(config)#**snmp-server community public RO**

Cote Nagios

Figure 10 : Déclaration de service snmp

2.2.2. La relation entre SNMP et Nagios

SNMP est un protocole de surveillance des équipements réseaux, Nagios utilise le protocole SNMP qui est basé sur le port 161 de l'UDP, pour remonter les informations qui sont stockées dans ta table MIB (management Information Base) des machines. Cet agent fonctionne suivant le principe du client/serveur (Nagios joue le rôle d'un client / et l'équipement à superviser joue le rôle d'un serveur). Donc, il est nécessaire que chaque équipement dispose d'un agent SNMP activé et configuré. Et dans notre cas, sur les serveurs de type Linux, il suffit d'installer le daemon snmpd.

2.3. Les Plugins

Nagios utilise des programmes externes appelés des plugins. Les plugins sont des programmes bien séparés de Nagios, peuvent être des programmes exécutables ou bien des scripts en (perl,python,shell..) et peuvent être lancés depuis une ligne de commande pour tester l'état d'un hôte ou un service. Ceci nous permettra aussi de contrôler les ressources, les services locaux et distants.

Comme nous pouvons le constater sur la figure ci-dessous, les plugins font ce qu'il faut pour exécuter le contrôle et ensuite envoient simplement le résultat à Nagios. Cette figure représente le principe de fonctionnement des plugins :

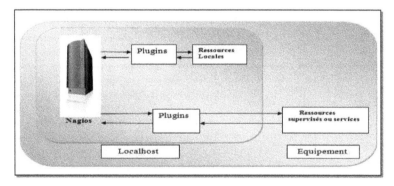

Figure 11Principe de fonctionnement des plugins

Nagios analysera le résultat du plugin et nous donnera les résultats suivants :

Etat	Signification
OK	Tout va bien
Warning	Le seuil d'alerte est dépassé
Critical	Le service a un problème
Unknown	Impossible de connaitre l'état du service

Tableau: Signification des codes de retour

En effet, les agents sélectionnés NS Client et SNMP imposent l'utilisation des greffons spécifiques parmi lesquels nous trouverons :

- ❖ **Check_nt** :c'est un plugin qui permet de superviser les machines Windows, il fonctionne avec l'agent NSClient++.
- ❖ **Check_ping** :c'est un plugin qui permet de tester la connectivité entre les équipements.
- ❖ **Check_snmp** : c'est un plugin qui permet de superviser tous les équipements, il est utilisé pour envoyer des requêtes de l'équipement distant vers les équipements distants.
- ❖ **Check_nrpe** : c'est un système d'exploitation qui permet de superviser les machines Windows ainsi que Linux.

Nous trouverons des plugins qui s'intéressent à la récupération des données à partir de la base de donnée (des informations sur la base tel que le nombre de requête envoyé/reçu…), et autres qui s'intéressent à la récupération des données à partir de la machine (charge CPU, la taille de la mémoire utilisée, nombre des utilisateurs connectés…), parmi lesquelles nous citerons :

- ❖ **Check_http** : permet de vérifier la disponibilité d'un service web.
- ❖ **Check_ssh** : permet de vérifier la présence d'un service SSH.
- ❖ **Check_smtp** : permet de vérifier la présence d'un service SMTP.
- ❖ **Check_pop** : permet de vérifier la présence d'un service POP3.
- ❖ **Check_load** : permet de vérifier la charge CPU locale.
- ❖ **Check_tcp** : permet de vérifier l'ouverture d'un port TCP.
- ❖ **Check_dhcp** : permet de vérifier la joignabilité d'un service DHCP.

3. L'Interface de Nagios

Interface d'authentification :

Pour accéder à l'interface de Nagios, il est nécessaire de s'authentifier, tout d'abord il faut ouvrir un navigateur, ensuite, il faut taper dans la barre de navigation l'URL : « http://localhost/nagios3 », puis une fenêtre d'authentification s'affiche, il faut écrire le nom d'utilisateur et le mot de passe qui sont « nagiosadmin, nagiosadmin »

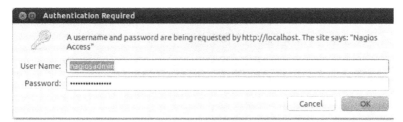

Figure 12:Interface d'authentification

Interface Nagios

Une fois l'authentification est réussit, donc on peut accéder aux différents interfaces.

Interface d'accueil

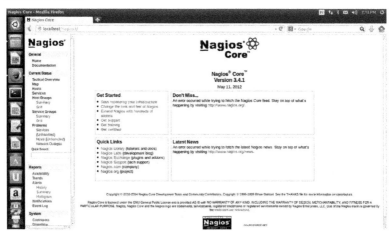

Figure 13: accueil Nagios

TacticalOverview

Cette figure représente la première vue après l'authentification, à partir de laquelle nous pouvons accéder aux différentes interfaces proposées par les développeurs de Nagios.

L'Interface TacticalOverview

Figure 14: Tac tical overview

Map

Cette interface, nous permet de récupérer l'état de fonctionnement du système d'information, la santé de réseau, les fonctions de surveillances.

L'interface Map

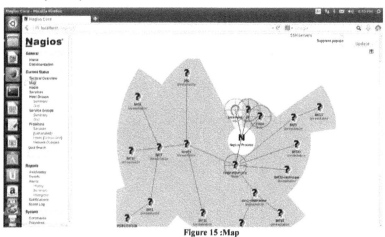

Figure 15 :Map

Cette vue propose une meilleure approche visuelle du réseau sous la forme d'une carte comme présente la figure suivante :

Le serveur nagios peut superviser l'état de chaque machines parmi lesquelles nous avons cinque machines, trois machines qui sont en vert en état UP et tout va bien se sont les machines VM-Linux, localhost et pc-windows par contre nous avons deux machines qui sont en rouge en état DOWN.

L'interface service :

Cette interface nous permet d'accéder aux services définis par les hôtes.

Figure 16 : interface service

Dans cette étape nous avons tous les status des services en vert, la figure ci dessus montre l'état du fonctionnement des services des hôtes supervisés par notre solution (Module Nagios), dans cette illustration nous avons montré l'ensemble des équipements réseaux surveillés.

Host : un hôte est n'importe quel dispositif attaché au réseau (ordinateur, imprimante, routeur, Switch…). Le premier champ de ce tableau présente le nom de l'hôte ou bien son adresse IP.

Service : dans cette rubrique nous trouvons les différents services offerts par chaque équipement de réseau (http, Ping, ssh…).

Status : ce champ de tableau est très important car il montre l'état de l'hôte nous trouvons 4 états possible :

➤ **OK** : coloré en vert c'est à dire quetout va bien pour l'élément surveillé.

➤ **WARNING** : coloré en jaune c'est à dire que quelque chose commence à aller mal comme, par exemple, un disque qui est presque rempli.

➤ **CRITICAL** : coloré en rouge c'est à dire la situation est très grave et demande une intervention immédiate. C'est le cas, par exemple, d'un disque plein.

➤ **UNKNOWN**: coloré en gris c'est à dire la commande de vérification n'a pas pu obtenir les **informations souhaitées. Par exemple, les arguments fournis à la commande ne sont pas** bons.

Last Chek : il représente la date et l'heure de la dernière vérification du service pour l'élément superviser.

Duration : c'est la durée de vérification du service.

Description :se sont des informations ajoutées sur chaque service de l'hôte.

L'interface des hôtes supervisés

Cette interface nous permet d'accéder aux machines supervisées, dans cette figure nous avons deux machines en état critique et 3 machines en bonne état.

Figure 17 : interface des hôtes

4. Configuration Nagios

Dans cette partie nous allons détailler la configuration de Nagios.Laconfiguration se fait à travers le terminal qui exécute des commandes. Nous avons commencé par changer les données des fichiers configurables .cfg

> ### Configuration Nagios.cfg

Nagios.cfg est un fichier configuration qui est le fichier de configuration principal de Nagios. Avec ce fichier, vous pouvez spécifier les fichiers ou les dossiers ou se trouvent les fichiers de configurations de vos hôtes.

Figure 18 : Configuration Nagios.cfg

> ### Ajout d'un hôte (switch.cfg)

Âpres les manipulations de nagios.cfg nous avons déterminé le fichier switch.cfg
comme un fichier qui contient les hôtes et leur services

On configure onc l'hôte à superviser dans une balise **define host {}** avec comme variables:

- **use**: template à utiliser
- **host_name**: nom de la machine tel qu'il apparaîtra dans Nagios
- **alias**: alias de ce nom
- **adresse**: adresse IP de la machine à superviser
- **parents** : le parent d'hôte
- **group** : le group d'hôte

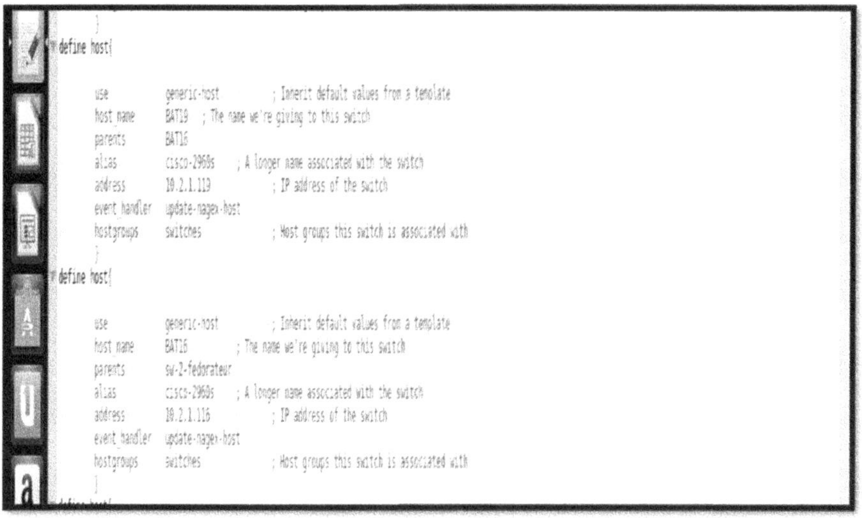

Figure 19 : Ajout d'un hôte

> Ajout d'un service (switch.cfg)

Voici par exemple l'un des services par défauts de localhost qui permet de vérifier si une machine est pingable il se configure avec la balise de**fine service {}** avec les variables suivantes:

- **use**: nom du template à utiliser
- **host_name**: hostname de la machine sur laquelle on supervise le service, on peut en mettre plusiers séparés par des « , »
- **service_description**: nom du service tel qu'il apparaitra dans Nagios
- **check_command**: commande avec laquelle nagios va checker le service.

```
define service{
    use                  generic-service ; Inherit values from a template
    hostgroup_name       switches        ; The name of the host the service is associated with
    service_description  PING            ; The service description
    check_command        check_ping!200.0,20%!600.0,60% ; The command used to monitor the service
    normal_check_interval 5              ; Check the service every 5 minutes under normal conditions
    retry_check_interval  1              ; Re-check the service every minute until its final/hard state is determined
}
```

Figure 20 : Ajout d'un service

➢ D'déclaration d'un service (commande.cfg)

Ceci est la définition de la commande du service PING que nous venons de voir, elle se définie dans les balises define command {} avec comme variables:

- **command_name**: nom de la commande, tel que précisé dans la variblecheck_command de la définition du service
- **command_line**: commandes de check du service
- **La variable $USER1$** pointe sur le dossier **/usr/local/nagios/libexec/** ou sont stockés tous les script de check de services de Nagios
- **L'option -H** permet de stipuler l'hôte sur lequel le check du service va se faire, et les options -w et -c et-p sont les options que l'ont peut associer à la commande.

42

```
# check snmp int up' command definition : vérifie si une interface ou un groupe d'interfaces est up
define command {
command_name check_snmp_int_up
command_line $USER1$/check_snmp_int.pl -H $HOSTADDRESS$ -C $ARG1$ -n $ARG2$
}
# check snmp int bp' command definition : vérifie si un groupe d'interfaces est up. Les niveaux de trafic doivent être donnes en o/s
define command {
command_name check_snmp_int_bp
command_line $USER1$/check_snmp_int.pl -H $HOSTADDRESS$ -C $ARG1$ -n $ARG2$ -B -k -w $ARG3$ -c $ARG4$
}

define command{
command_name update-nagex
command_line /usr/local/nagios/libexec/eventhandlers/update-nagex $HOSTNAME$ "$HOSTALIAS$" "$SERVICEDISPLAYNAMES$" $SERVICESTATES$ "$LONGDATETIMES$"
}
```

Figure 21 : Déclaration d'un service

> **Ajout d'un groupe (switch.cfg)**

Les groupes d'hôtes se définissent donc dans une balise **define hostgroup {}** avec comme variable :

- **hostgroup_name**: nom du groupe
- **alias**: alias du nom du groupe

```
# create a new hostgroup for switches

define hostgroup{
        hostgroup_name  switches             ; The name of the hostgroup
        alias           Network Switches     ; Long name of the group
        }
```

Figure 22 : Ajout d'un groupe

43

5. Les compléments de nagios

5.1. Mise en places SNMP

> #### Installation de SNMP

Le Simple Network Management Protocol (SNMP) fournit un cadre pour l'échange d'informations de gestion entre les agents (serveurs) et des clients.

Figure 23:Commande d'installation SNMP

> #### Installation SNMP Plugins

Installation de Plugin snmp fonctionnelle avec nagios qui fait la supervision sur les services de réseau (via TCP port, SMTP, POP3, HTTP, NNTP,

PING, etc.)

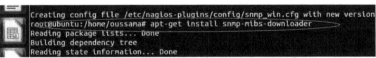

Figure 24:Commande d'installation SNMP plugins

> #### Installation SNMP-MIBS

Les contenant des fichiers MIB et un script qui les extrait pour être utilisé par les bibliothèques de gestion de réseau simple. Le script peut être utilisé pour mettre à jour certains MIB à la dernière version ou pour télécharger les MIB de fournisseurs supplémentaires

```
Creating config file /etc/nagios-plugins/config/snmp_win.cfg with new version
root@ubuntu:/home/oussama# apt-get install snmp-mibs-downloader
Reading package lists... Done
Building dependency tree
Reading state information... Done
```

Figure 25:Commande d'installation MIBS

5.2. Mise en place NDOUTILS

Dans cette partie nous allons détailler l'installation ndoutils de Nagios 3. L'installation se fait à travers ligne de commande quoi montrée dans le figure sous -déçus

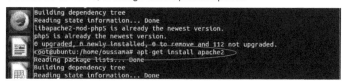

Figure 26:Installation ndoutils

6. Le complément web

> **Installation Apache :**

Il gère HTTPS, les serveurs virtuels, CGI, SSI, IPv6, l'intégration facile de scripts et de bases de données, le filtrage des requêtes/réponse

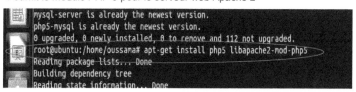

Figure 27Commande installation apache

> **Installation PHP5 :**

Fournit le module PHP 5 pour le serveur web Apache 2

Figure 28Cammande d'installation php5

> **Installation MySQL :**

Installation de SQL server compatible avec php

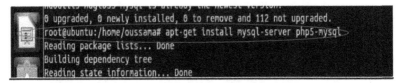

Figure 29 : Commande d'installation MySQL

Conclusion :

Ce chapitre présente l'étude de l'existant, et la mis en place de outils de supervision et leur compliment avec la configuration de chaque outils âpres l'installation ainsi la liaison entre les outils. Dans le chapitre d'après nous allons aborder la partie de développement de l'interface Web qui nous va aider de faciliter l'utilisation.

III. *Chapitre 3 : développement de l'interface web de la supervision*

Introduction :

Après l'installation et la configuration de la solution de la supervision choisie dans le chapitre précédent nous allons continuer avec la mis en place de l'interface web, qui nous allons détailler ces besoins fonctionnels et non fonctionnels ainsi que la partie conception, et la partie réalisation de l'interface web.

1. Spécification des besoins

1.1 Les besoins fonctionnels

La spécification des besoins va nous permettre d'avoir une meilleure approche des utilisateurs, des fonctionnalités et de la relation entre les deux. Elle sera sous forme de cas d'utilisation. Pour cela nous allons procéder ainsi :

- ✓ Identification des acteurs du système.
- ✓ Identification des cas d'utilisation de l'administrateur.
- ✓ Description des cas d'utilisations.

1.1.1 Identification des acteurs du système

Les différents acteurs de l'application étudiée sont :

- ✓ *L'administrateur :* Les administrateurs sont des utilisateurs mais qui ont plus de privilèges que les simples utilisateurs. Ils ont la tâche de gérer la totalité de l'interface web.

1.1.2 Identification des cas d'utilisation de l' « Administrateur »

Cet acteur peut superviser, configurer et administrer la surveillance du réseau puisque ce dernier a tous les droits pour manipuler manuellement et configurer la solution de supervision en accédant à ces différentes interfaces. Et ceci ne peut avoir lieu qu'après s'être authentifié en tant qu'Administrateur.

Ce diagramme représente les principaux cas d'utilisation de l'acteur le plus important qui est l'administrateur.

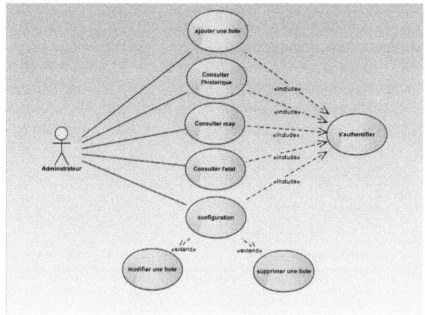

Figure 30 Diagramme cas d'utilisation de l' « Administrateur »

Acteur : Administrateur

Description : l'administrateur doit contrôle l'interface

Pré-conditions : l'administrateur doit avoir tous les fichiers qui sont déjà remplis.

Scénario nominal :

1) l'administrateur accède au fichier switch.cfg, extarcte les noms des machines et les services et les stocke dans la fichier.

2) l'administrateur doit cocher le type la machine pour consulter l'état.

1.2 Les besoins non fonctionnels

Pour assurer le bon fonctionnement et une bonne performance de notre application, nous avons respecté les exigences suivantes:

✓ **Sécurité de l'information:** Confidentialité des informations personnelles des utilisateurs de l'application en utilisant des mots de passe et attribuant des droits d'accès.

✓ **Robustesse:** Il faut que notre application soit performante, pour cela on doit éliminer toute vulnérabilité pour avoir un logiciel minimisant les failles pouvant mener à des pannes ou des erreurs de fonctionnement.

✓ **Portabilité:** Il est important d'avoir une application portable pouvant être exploitée par plusieurs plates-formes.

✓ **Convivialité:** Le futur logiciel doit être facile à utiliser. En effet, les interfaces utilisateurs doivent être conviviales c'est-à-dire simple, ergonomiques est adaptées à tout utilisateur.

✓ **Extensibilité:** Il est nécessaire d'avoir une implémentation qui anticipe sur le plan clarté et simplicité ce qui facilitera par la suite la maintenance, les extensions futur et l'amélioration de l'interface web.

2. Diagramme de classe :

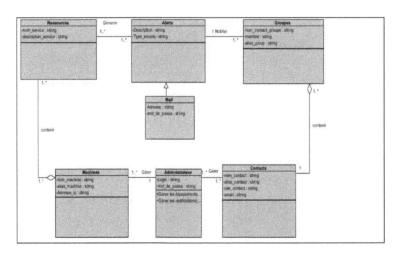

Figure 31 Diagramme de classe

Administrateur :

Attributs	Type	Description
Login	String	L'identification de l'administrateur
Mot de passe	String	Le mot de passe de l'administrateur

Méthodes	Description
Gérer les équipements ( )	Ajouter, modifier les ressources matérielles et logicielles

Contacts :

Attributs	Type	Description
Nom_contact	String	Le nom du contact
Alias_contact	String	L'alias du contact
Use_contact	String	Use du contact
Email	String	L'email du contact

Groupes :

Attributs	Type	Description
Nom_contact_group	String	Le nom du group du contact
Alias_group	String	L'alias du groupe du contact
Membre	String	Les membres du groupe du contact

Ressources :

Attributs	Type	Description
Nom_service	String	Le nom du service
Description_service	String	La description du chaque service

Machine :

Attributs	Type	Description
Nom_machine	string	Le nom de la machine
Alias_machine	string	L'alias de la machine
Address_ip	string	Adresse réseau de la machine

Alerte :

Attributs	Type	Description
Description	string	La description des alertes
Type_d'envoie	string	Le type d'envoie des alertes

3. Conception de base de base de données

Dans le cadre de la mise en œuvre d'une station de supervision réseaux, on fera appel aux informations contenues dans les bases de données comme l'historique d'état de chaque hôte ou Bien l'état on temps réel d'un hôte tous ces données son stocké on temps réel avec nagios par l'adon ndoutils

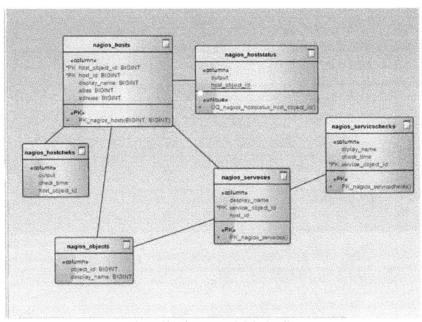

Figure 32 : diagramme de bd ndoutils

> **Table nagios_hosts**
> Cette table contient tous les host sur nagios
> **Table nagios_hoststatus**
> Cette table contient l'état de chaque host et cet état est on temps réel
> La clé pour connais chaque hôte est le host_obejct_id ce quille identifier les hôte dans hors-statuts
> **Table nagios_hostchecks**
> Cette table contient l'historique de tous les host cheks
> La clé host_id et utilise pour identifier les hôtes pour connais l'historique de chaque hôte
> **Table nagios-services**
> Cette table contient tous les services de chaque hôte contient tous les services de chaque hôte et sont identifier par service_object_id
> **Table nagios_serviceschecks**
> Cette table contient tous les checks d'un service
> La clé pour connais tous les services checks et service_object_id
> **Table nagios_obejcts**
> Cette table contient tout le changement d'état d'un service ou d'un hôte

4. Réalisation de l'Interface web :

Cette partie vise à présenter les différents logiciels et matériels que j'ai utilisés pour réaliser mon application de supervision des réseaux de la société SNCFT. A la fin de cette partie, je présente les différentes interfaces graphiques implémentées.

4.1. Environnement de travail

4.1.1 Environnement matériel
L'application a été développée sur un ordinateur dont les caractéristiques sont :
- ✓ Intel(R) Core(TM) I3 @ 2.20GHz
- ✓ .18 GHz, 2.86 Go de RAM
- ✓ Disque dure 300 Go

4.2. Réalisation de l'interface web

Cette partie présente les interfaces graphiques relatives à notre application :

> **Interface d'authentification**

Avant d'accéder à l'application, l'administrateur doit s'authentifier avec son login et mot de passe si le mot de passe est incorrect le administrateur redirigé vers le login a nouveau comme.

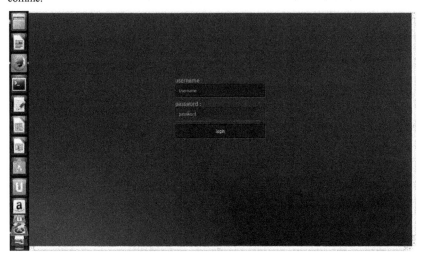

Figure 33: Interface d'authentification

> **Interface principale**

Après l'authentification, l'administrateur accède à la page représentée par la figure précédent. Cette page permet à l'administrateur d'accéder aux différents services qui lui sont offerts.

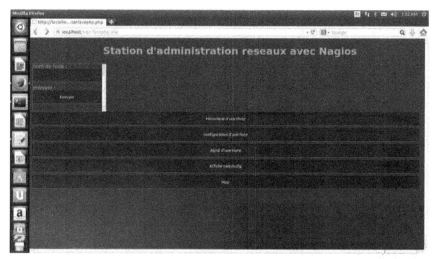

Figure 34: Interface Principale

> **Interface d'ajout d'une hôte**

A partir de cette interface, l'administrateur peut ajouter une hote.Pour pouvoir ajouter un hôte à la base de données, il faut spécifier son nom, son adresse IP, son parent son groupes, après l'envoi des donnais il fait l'exécution d'un script Shell qui fait l'ajoute de la hôte a nagios

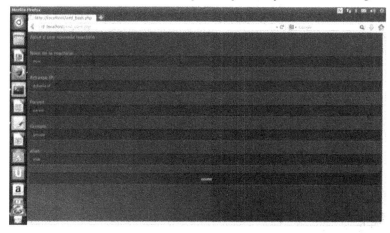

Figure 35: interface d'ajout d'une hôte

> **Interface des hôtes supervisés**

Cette interface est le résultat de l'envoi de formulaire a partir de l'interface principale et il permet de voire l'état d'un hôte et aussi l'état de leur service et se fait partir l'exécution des requête SQL dans la base ndoutils qui nous donne un Fed direct de nagios et aussi l'exécution d'un script SHELL :

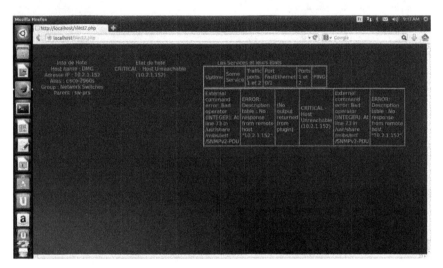

Figure 36: interface de l'etat service et d'hôte

> **Interface historique**

Cette interface nous propose une solution pour que l'administrateur pour connais l'état d'un hôte dans un date bien déterminer ou bien l'état d'un hôte s'il n'est étais sur l'interface :

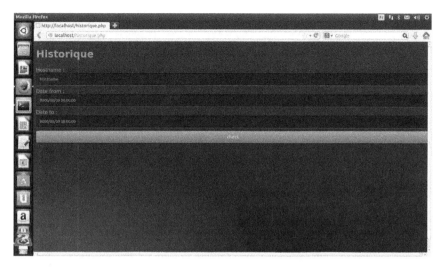

Figure 37: historique

Le Résultat de l'historique sera comme suivent

Figure 38: résultat historique

➤ **Interface des hôtes configuration**

Cette interface nous permet de configure les hôtes, changer leur nom leur adresse IP, supprimer une hôte ou bien éditer les information d'une hôte ses donner s'affiche apres l'exécution des script SHELL chacun fait une fonction aussi cette interface tous les hôte sur nagios qui nous peu modifier

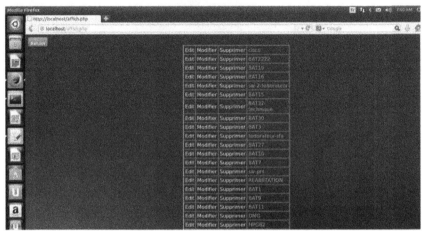

Figure 39:interface de configuration

> ### Interface modifié

Apres le clique sur le lien modifier devant le nom de hôte on avoir cette interface dans laquelle on peu choisir de modifier le nom de hôte ou l'adresse IP ou modifier tous ce modification fait par l'exécution d'un script SHELL qui fait le changement demande

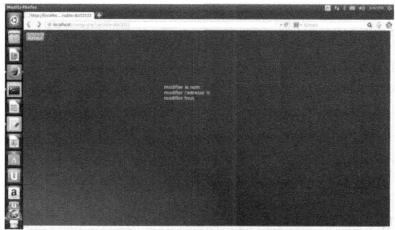

Figure 40 : interface de choisir la modification

> **Interface modifier nom**

Apres le clique sur le lien modifier le nom on attendre l'interface suivent laquelle on peu
modifier le nom d'un hôte dans ce interface on déjà l'anícien nom de hôte mais on peu pas
change et on a un champ du nouveau nom de hôte âpres le clique sur le bouton il fait
l'exécution d'un script SHELL qui modifier le nom de hôte

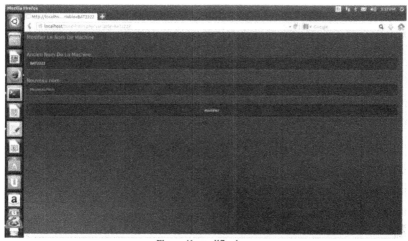

Figure 41: modifier le nom

> **Interface modifier IP**

Apres le clique sur le lien modifier le IP on attendre l'interface suivent laquelle on peu modifier le nom d'un hôte dans cette interface on déjà l'anicien nom de hôte mais on peu pas change et on a un champ du nouveau IP de hôte âpres le clique sur le bouton il fait l'exécution d'un script SHELL qui modifier le IP de hôte

Figure 42: modifier IP

> ➢ **Interface modifier tous**

Apres le clique sur le lien modifier le tous on attendre l'interface suivent laquelle on peu modifier le nom IP et group d'un hôte dans ce interface on déjà l'anicien valeur de chaque hôte mais on peu pas change et on a un champ du nouveau valeur de hôte âpres le clique sur le bouton il fait l'exécution d'un script SHELL qui modifier tous les donnais

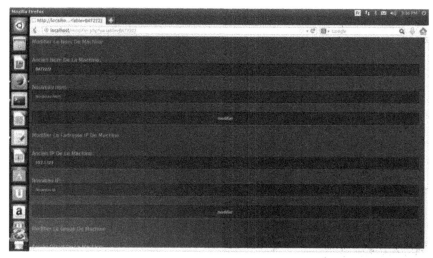

Figure 43: modifier tous les données

> **Interface Map**

Cette vue propose une meilleure approche visuelle du réseau sous la forme d'une carte comme présente la figure suivante :

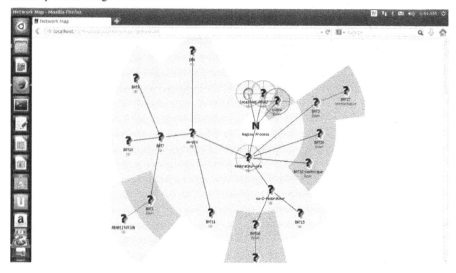

Figure 44: Map

Conclusion

Dans ce dernier chapitre, nous avons présenté l'étude de besoin de l'interface web avec diagramme d'utilisation et l'environnement logiciel et matériel avec lequel nous avons implémenté notre interface web. Enfin, nous avons présenté les interfaces graphiques relatives à l'interface web qui a nous donner l'avantage de mieux gère nagios comme l'ajoute d'un hôte il se fait maintenant a partir de l'interface n par le terminal et l'manipulation direct des fichiers .cfg

Conclusion Général

Ce sujet nous a été proposé par la SNCFT. Le but de ce projet consiste à proposer et configurer une solution de supervision des réseaux avec le développement d'une application web répondant aux exigences et aux besoins de la société.

Pour réaliser notre projet nous avons procédé selon les étapes suivantes :

- ✓ Collecter des informations auprès de la société : cette étape nous a permis de rassembler les informations et de mieux comprendre le sujet et de bien mener la conception ainsi que la réalisation.
- ✓ étudier la solution de supervision choisie.
- ✓ Installation de la solution de supervision choisie
- ✓ Configuration de la solution de supervision
- ✓ Réalisation de l'interface web.

Avantage

- ➤ Modification facile des hôtes
- ➤ Suppression des hôtes
- ➤ Historique d'état
- ➤ Affichage plus simple à comprendre

Ce projet nous a permis de tester nos connaissances théoriques et pratiques acquises tout au long de nos études supérieures et de les exploiter en une application. Nous avons eu une grande occasion de bien maîtriser la programmation avec PHP SQL SHELL.

Néanmoins, les besoins fonctionnels ne se limitent pas à la supervision des équipements et leurs contrôle mais bien au-delà de cela. Et même si nous observons à l'heure actuelle une expansion de modélisation assez importante des structures privées, il semble que le chemin à parcourir est encore très long pour arriver à mettre en place des systèmes évoluant en parallèle avec la croissance technologique et prenant profit de l'effervescence d'un tel secteur.

BIBLIOGRAPHIE

- http://jouonsy.free.fr/Projet/conception.htm (Avril 2014)
- http://dictionary.reference.com/browse/supervision (Février 2014)
- http://compnetworking.about.com/od/networkprotocols/g/snmp-management-protocol.htm (Mars 2014)
- http://www.netmechanica.com/products/?prod_id=1019&gclid=COSY5_yepL4CFfQQtAodJhMAmA (Mars2014)
- http://www.m2iformation.fr/informatique/reseaux-et-telecoms/gestion-d-infrastructure-et-supervision/scom-2012-supervision-des-systemes_69_formationSCOM-SUP.html (Février 2014)
- http://www-igm.univ-mlv.fr/~dr/XPOSE2004/nchaveron/Supervision.html (Avril 2014)
- http://fr.viadeo.com/fr/groups/detaildiscussion/?containerId=00220zkezkwubruo&action=messageDetail&messageId=00240gnpk9z1myn&forumId=0021l04tk1ycwl0 (Février 2014)
- http://wiki.monitoring-fr.org/nagios/mise-en-place-complete-nagios-sur-rhel-5.4/nagios-infrastructure-complete (Février 2014)
- http://fr.wikipedia.org/wiki/Diagramme_de_s%C3%A9quence (Avril 2014)
- http://www.jobintree.com/dictionnaire/definition-php-309.html (Mai 2014)
- http://www.futura-sciences.com/magazines/high-tech/infos/dico/d/informatique-sql (Mai 2014)
- http://fr.wikipedia.org/wiki/PhpMyAdmin (Mai 2014)